BEI GRIN MACHT SICH IHR WISSEN BEZAHLT

- Wir veröffentlichen Ihre Hausarbeit, Bachelor- und Masterarbeit

- Ihr eigenes eBook und Buch - weltweit in allen wichtigen Shops

- Verdienen Sie an jedem Verkauf

Jetzt bei www.GRIN.com hochladen und kostenlos publizieren

Bibliografische Information der Deutschen Nationalbibliothek:

Die Deutsche Bibliothek verzeichnet diese Publikation in der Deutschen Nationalbibliografie; detaillierte bibliografische Daten sind im Internet über http://dnb.d-nb.de/ abrufbar.

Dieses Werk sowie alle darin enthaltenen einzelnen Beiträge und Abbildungen sind urheberrechtlich geschützt. Jede Verwertung, die nicht ausdrücklich vom Urheberrechtsschutz zugelassen ist, bedarf der vorherigen Zustimmung des Verlages. Das gilt insbesondere für Vervielfältigungen, Bearbeitungen, Übersetzungen, Mikroverfilmungen, Auswertungen durch Datenbanken und für die Einspeicherung und Verarbeitung in elektronische Systeme. Alle Rechte, auch die des auszugsweisen Nachdrucks, der fotomechanischen Wiedergabe (einschließlich Mikrokopie) sowie der Auswertung durch Datenbanken oder ähnliche Einrichtungen, vorbehalten.

Impressum:

Copyright © 2018 GRIN Verlag
Druck und Bindung: Books on Demand GmbH, Norderstedt Germany
ISBN: 9783668987685

Dieses Buch bei GRIN:

https://www.grin.com/document/490212

Christian Lehnert

Marketingstrategien von Fitnessunternehmen

Wie können sie an den Fortschritt der Technologie angepasst werden?

GRIN Verlag

GRIN - Your knowledge has value

Der GRIN Verlag publiziert seit 1998 wissenschaftliche Arbeiten von Studenten, Hochschullehrern und anderen Akademikern als eBook und gedrucktes Buch. Die Verlagswebsite www.grin.com ist die ideale Plattform zur Veröffentlichung von Hausarbeiten, Abschlussarbeiten, wissenschaftlichen Aufsätzen, Dissertationen und Fachbüchern.

Besuchen Sie uns im Internet:

http://www.grin.com/

http://www.facebook.com/grincom

http://www.twitter.com/grin_com

Deutsche Hochschule für

Prävention und Gesundheitsmanagement

Hermann Neuberger Sportschule 3

66123 Saarbrücken

Einsendeaufgabe

Fachmodul: Marketing 2

Studiengang: Fitnessökonomie

Datum
Präsenzphase: 15.01.2018 - 18.01.2018

Name, Vorname: Lehnert, Christian

Studienort: Berlin

Semester: WS15

Inhaltsverzeichnis

1 PREISMANAGEMENT UND KOOPERATION 3

1.1 Preiselastizität der Nachfrage 3

1.2 Preisbildung 4
1.2.1 Anlässe der Preisbildung 4
1.2.2 Kostenorientierte Preisbildung 5
1.2.3 Konkurrenzorientierte Preisbildung 5

2 STRATEGISCHE ANALYSENMETHODEN 6

2.1 Five-Forces-Modell 6

2.2 Durchführung einer SWOT-Analyse 7

2.3 Erstellung einer SWOT-Matrix 9

2.4 BCG-Portfolio und Produktlebenszyklus 9

2.5 Fazit 11

3 CORPORATE IDENTITY 12

3.1 Interview-Analyse 12
3.1.1 Überarbeitung der Corporate Identity - 6 Anzeichen 12
3.1.2 Gründe für eine neue Ausrichtung der Corporate Identity 12
3.1.3 Veränderungen in anderen Unternehmen 14

3.2 Marktstrategien 15
3.2.1 Marktbearbeitungsstrategie und Wettbewerbsstrategie 15
3.2.2 Produkt-Markt-Matrix nach Ansoff 15

4 DIGITALISIERUNG IN DER FITNESS- UND GESUNDHEITSBRANCHE 16

5 LITERATURVERZEICHNIS 18

6 TABELLEN- UND ABBILDUNGSVERZEICHNIS 21

6.1 Tabellenverzeichnis 21

6.2 Abbildungsverzeichnis 21

1 Preismanagement und Kooperation

1.1 Preiselastizität der Nachfrage

Preiselastizität der Nachfrage:

(ε) = Änderung der Menge in % : Änderung des Preises in %

Mitgliederanzahl (alt): 2.700
Mitgliederanzahl (neu): 2.400
Preis (alt): 40,90 €
Preis (neu): 45,90 €

Änderung der Menge in %:

2.700 Mitglieder	=	100 %
2.400 Mitglieder	=	X
X	=	2.400 x 100 % : 2.700
X	=	88,88 %
100 % - 88,88 %	=	11,12 %

Die prozentuale Veränderung in der Nachfragemenge verringert sich um 11,12 %.

Änderung des Preises in %:

40,90 €	=	100 %
45,90 €	=	X
X	=	45,90 € x 100 % : 40,90 €
X	=	112,22 %
112, 22 % - 100 %	=	12,22 %

Der Preis wird um 12,22 % im Unternehmen gesteigert.

(ε) = 11,12 % : 12,22 %

(ε) = **0,91**

Da die Preiselastizität der Nachfrage unter dem Wert 1 liegt, hat dies zur Folge, dass die Nachfrage als unelastisch gilt. Eine unelastische Nachfrage begünstigt die Preiserhöhung im Unternehmen, da die Nachfrage prozentual gesehen nur geringfügig ansteigt. Die Preiserhöhung wird nicht ganz wahrgenommen und durch einen höheren Preis steigert sich auch der Gedanke an höherer Qualität.

1.2 Preisbildung

1.2.1 Anlässe der Preisbildung

Die Preisbildung wird in zwei Tatbestände aufgegliedert, die sich zum einen mit der erstmaligen Festlegung eines Preises und zum anderen mit der Preisänderung in einem Unternehmen beschäftigt (Meffert, Burmann et al., 2015, S. 487-488). Auf die X&Y Health GmbH bezogen, trifft die Preisänderung zu, die um 12,22 % angehoben wird. Aus diesem Tatbestand her ergeben sich nun die Anlässe der Preisbildung. Der Anlass einer Preisbildung kann zum Beispiel die Veränderung der internen Kostenstruktur sein. Durch steigende Energie-, Lohn- und Herstellungskosten können Preisänderungen durchgeführt werden (Meffert, Burmann et al., 2015, S. 487-488). Des Weiteren empfiehlt es sich, eine Produkt- und Leistungsstrategie nach der Anshoff-Matrix zu verfolgen. Im Bezug auf die X&Y Health GmbH ist hierbei die Marktdurchdringung anzustreben. Bei der Marktdurchdringung werden die bereits vorhandenen Produkte auf einem gegenwärtigen Markt platziert, um sich auf dem Markt zu vergrößern und neue Marktanteile zu generieren (Nieschlag et al., 2002, S. 900).

1.2.2 Kostenorientierte Preisbildung

Mitgliedsbeitrag pro Monat (brutto)

Fixe Kosten:	650.000 € (netto) / pro Jahr	= 54.166,67 € (netto) / pro Monat
Variable Kosten:	8,50 € (netto) / pro Mitglied und Monat	
Mitglieder:	2.800	

Mitgliedsbeitrag	= variable Kosten	+	(fixe Kosten : Mitglieder)
	= 8,50 €	+	(54.166,67 € : 2.800)
	= 8,50 €	+	19,35 €
	= 27,85 €		

Die X&Y Health GmbH setzt einen Gewinnzuschlag (GZ) von 15 % an.

Mitgliedsbeitrag (+GZ)	= 27,85 € /pro Mitglied	x	1,15
	= 32,03 € /pro Mitglied		
Mitgliedsbeitrag (brutto)	= 32,03 € /pro Mitglied	x	1,19
	= **38,12 € /pro Mitglied (brutto)**		

Der endgültige Mitgliedsbeitrag (pro Monat) beträgt 38,12 €.

1.2.3 Konkurrenzorientierte Preisbildung

Der festzulegende Preis wird durch ein konkurrenzorientiertes Preisbildungsverfahren nach den von der Konkurrenz festgelegten Preisen ausgerichtet, welches aber unabhängig von der unternehmensindividuellen Kosten- und Nachfragesituation durchgeführt wird (Weis, 2012, S. 388). Dabei grenzen sich zwei Formen voneinander ab. Zum einen die Preisbildung durch Orientierung an Marktpreisen und zum anderen die Preisbildung in öffentlichen Ausschreibungen. Anhand der Unternehmensbeschreibung von der X&Y Health GmbH empfiehlt sich eine Orientierung an den Marktpreisen. Die X&Y Health GmbH zeichnet sich durch ihre hohen Service- und Dienstleistungsqualitäten aus. Da die Anlagen der X&Y GmbH dem höheren Preissegment zugeordnet sind, ist es wichtig sich an einem Preisführer oder einem Branchenpreis zu orientieren. Aufgrund dieser Aussagen wäre es von Vorteil, den Preis so wenig wie möglich zu verändern, um das Vertrauen der Kunden in die Qualitäten des Unternehmens nicht zu verlieren.

2 Strategische Analysenmethoden

2.1 Five-Forces-Modell

Durch das Five-Forces-Modell nach Porter wird die Marktattraktivität eines Unternehmens beschrieben. Als Wettbewerbskräfte des Five-Forces-Modells werden dabei die Verhandlungsstärke der Lieferanten, Bedrohung durch neue Anbieter, die Verhandlungsstärke der Abnehmer, Bedrohung durch Ersatzprodukte und die Rivalität der Wettbewerber einer Branche genannt (Bea & Haas, 2013, S. 99).

Verhandlungsstärke der Lieferanten:
Je nachdem, wie das Unternehmen aufgestellt ist, hat der Zulieferer eine gewisse Verhandlungsmacht. Im Beispiel von der Fitness-App „Freeletics" ist meiner Meinung nach die Verhandlungsstärke der Zulieferer gering gehalten. Allerdings kann der Zulieferer, der beispielsweise für die IT-Technik der App zuständig ist, von seiner Verhandlungsstärke Gebrauch machen, sofern Fehlermeldungen in der App auftauchen. Sobald der Zulieferer den Preis erhöht, muss das Unternehmen auch über eine Erhöhung des Preises oder einen Wechsel des Zulieferers nachdenken.

Bedrohung durch neue Anbieter:
Neue potenzielle Mitbewerber verstärken das Marktangebot und gelten somit bei Markteintritt als Bedrohung für das eigene Unternehmen. Jederzeit ist es möglich, dass eine neue Fitness-App sich auf dem Markt platzieren möchte. Darauf sollte das Unternehmen ständig eingestellt sein und reagieren. Sofern der potenzielle Mitbewerber eine Bedrohung darstellt, muss eventuell darüber nachgedacht werden, den Preis anzupassen, um keine Mitglieder an den Konkurrenten abzugeben. Für andere Mitbewerber wird es dennoch schwer werden, da „Freeletics" sich schon einen hohen Bekanntheitsgrad erarbeitet hat.

Verhandlungsstärke der Abnehmer:

Der Kunde besitzt eine sehr große Verhandlungsstärke. Das liegt daran, dass der Kunde sehr viel Wert auf ein gutes Preis-Leistungs-Verhältnis und Qualität legt. Bekommt er die gleichen Leistungen für weniger Geld bei einem anderen Anbieter wird es schwer, den Kunden auf Dauer zu halten. Deswegen ist eine gute Differenzierung gegenüber anderen Mitbewerbern wichtig und bringt den Erfolg, dass Kunden sich an das ihnen vertraute Unternehmen binden wollen. „Freeletics" differenziert insofern, als dass sie ein hochintensives Krafttraining anbieten, welches nur mit dem eigenen Körpergewicht und fast überall durchgeführt werden kann.

Bedrohung durch Ersatzprodukte:

Die Bedrohung durch Ersatzprodukte für eine Fitness-App wie „Freeletics" ist sehr hoch. Im Grunde genommen zählt jedes Fitnessstudio zu einem Ersatzprodukt und macht es nicht gerade einfach für ein Unternehmen. Ein Unternehmen wie „Freeletics" wächst nur, wenn die Attraktivität für die Kunden vorhanden ist. Ansonsten führt eine mangelnde Attraktivität zu Kundenverlust.

Rivalität der Wettbewerber:

Der Fitnessmarkt wird immer größer und die Angebote steigen. Somit steigt auch die Rivalität der Wettbewerber, was Kundenverlust herbeiführen kann. Der größte Mitbewerber für „Freeletics" ist „GYMONDO", der fast den gleichen Stil aufweist und sogar noch mehr Workouts zur Verfügung stellt. Für ein bestehendes Unternehmen wird es also schwieriger, zu wachsen als ein Unternehmen, welches versucht, mit neuen Methoden und Ideen Marktanteile an sich zu ziehen.

2.2 Durchführung einer SWOT-Analyse

Stärken:

- Freeletics hat seit 2013 mittlerweile über 20 Millionen registrierte Nutzer in mehr als 160 Ländern (Freeletics GmbH, 2018).

- Mehr als 140 leidenschaftliche Mitarbeiter arbeiten in der Freeletics-Zentrale in München (Freeletics GmbH, 2018).
- Es kann jederzeit und überall mit dem Personal Coach in der Tasche trainiert werden (Freeletics GmbH, 2018).

Schwächen:
- Für Einsteiger besteht die Gefahr, dass die Belastung zu groß ist und sie sich überlasten oder im schlimmsten Falle zu verletzen drohen (Joung, 2015).
- Freeletics zielt auf Leistung ab, damit besteht die Gefahr, dass die Regenerationszeit zu kurz kommt (Joung, 2015).
- Freeletics erreicht nur eine technikaffine, urbane Kundschaft, da keine Korrekturen in den Bewegungsausführungen durch Trainer vorgenommen werden können (Joung, 2015).

Chancen:
- Da die Bevölkerung sehr affin zu ihren Smartphones ist, wird der Trend immer mehr in Richtung trainingsunterstützende Technologien gehen (Statista, 2018).
- Durch digitale Fitnessangebote kann der stationäre Fitnessmarkt ergänzt werden, denn eine Egalisierung der bereits bestehenden Geschäftsmodelle ist nicht zu erwarten (Deloitte, 2016).
- Mehr Angebote für ältere Altersgruppen schaffen, da die Bevölkerung in Zukunft immer älter wird (Statistisches Bundesamt, 2011).

Risiken:
- Die folgenden Trends sollten beachtet werden, damit die Konkurrenz nicht mit neuen Technologien, innovativen virtuellen Trainingsformen und Konzepten, die das Online-Training in seiner Bedeutung vernachlässigen, punktet (Grotz & Abt, 2017).
- Die schnelle Digitalisierung macht es schwierig, einzuschätzen, auf welche Dauer man sich am Markt halten kann und wie lang der Erfolg anhält (Grotz & Abt, 2017).
- Ein Risiko stellen auch die brancheninternen Substitute dar, denn es werden sich weiterhin nahezu gleiche Formate am Markt platzieren (Grotz & Abt, 2017).

2.3 Erstellung einer SWOT-Matrix

Die nachfolgende Tabelle beinhaltet die SWOT-Matrix der Freeletics GmbH.

Tab. 1: SWOT-Matrix Freeletics GmbH

	Chancen (Opportunities)	Risiken (Threats)
Stärken (Strengths)	S-O Strategien: - die schon hohe Mitgliederzahl sollte genutzt werden, um noch mehr Altersgruppen über bereits bestehende Kunden zu erreichen - durch neue trainingsorientierte Technologien können Pläne erstellt werden, die auch im Studio angewandt werden können	S-T Strategien: - die hohe Mitgliederzahl wird durch neue Trend-Orientierung gehalten und bestmöglich ausgebaut, um sich von Mitbewerbern abzugrenzen - die Mitarbeiter sollten so ausgebildet sein, dass sie der schnellen Digitalisierung folgen können, um neue Technologien auf dem Markt platzieren zu können
Schwächen (Weaknesses)	W-O Strategien: - damit keine fehlerhaften Bewegungsausführungen auftreten, ist es wichtig, das Angebot auch auf ältere Altersgruppen auszulegen - um die Gefahr für Einsteiger so gering wie möglich zu halten, werden die neuen Technologien auf diese Art und Weise verbessert und es werden Regenerationszeiten auf den Gesundheitszustand der Person angepasst	W-T Strategien: - gesundheitsorientierte Programme erstellen, die für Einsteiger sind und sich von brancheninternen Substitutionen abheben - durch eine Verbesserung der Technologie, Tipps für die Bewegungsausführung und den virtuellen Trainingsformen, können die Fehler für ein gesundheitsorientiertes Training minimiert werden

2.4 BCG-Portfolio und Produktlebenszyklus

Anhand einer Portfolio-Analyse kann die unternehmensspezifische Geschäftseinheit beurteilt und gesteuert werden. Der relative Marktanteil und das Wachstum wird in Form eines Achsenkreuzes graphisch dargestellt. Die daraus entstehende Matrix wird in vier Teilbereiche aufgeteilt. „Question Marks" sind strategische Geschäftseinheiten mit niedrigem Marktanteil in schnell wachsenden Märkten, „Stars" sind strategische Geschäftseinheiten mit hohen Wachstumsraten und hohem Marktanteil, "Cash Cows" haben einen hohen relativen Marktanteil und niedrige Marktwachstumsraten und "Poor Dogs" sind in der Regel bereits schon länger auf dem Markt und bringen weder Gewinne noch Verluste (Kotler, Armstrong et al., 2007, S. 104-105; Weis, 1999, S. 529-530). Auf den Bereich Fitness-Apps bezogen befinden sich die Anbieter derzeit noch im Sektor „Question Marks". Fitness-Apps haben derzeit noch einen geringen Marktanteil, besitzen allerdings aufgrund der steigenden Digitalisierung ein großes Wachstum. Allerdings bin ich der Meinung, dass sich Fitness-Apps im Laufe der Jahre in Richtung „Stars" entwickeln, denn die Umsätze werden steigen (Statista, 2017).

Die nachfolgende Abbildung zeigt den idealtypischen Produktlebenszyklus.

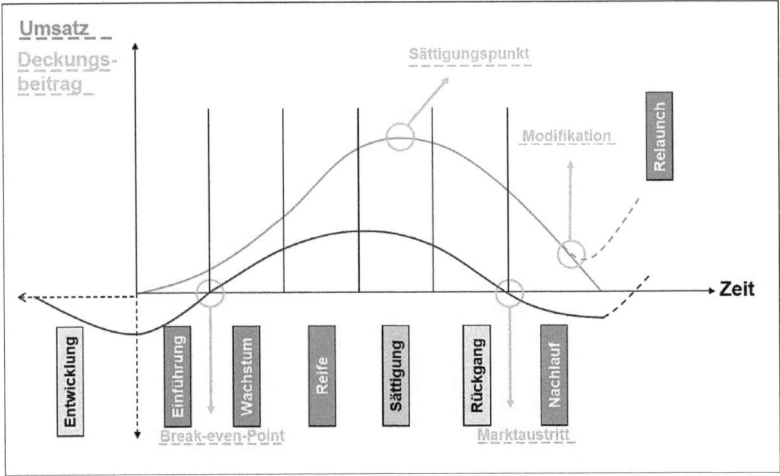

Abb. 1: Idealtypischer Produktlebenszyklus (modifiziert nach Kotler, Armstrong et al., 2007, S. 700)

Die Freeletics GmbH wurde im Juni 2013 gegründet. Zu diesem Zeitpunkt befand sich das Unternehmen in der Einführungsphase, da die Entwicklungsphase bereits vorher ausgeführt wurde. In dieser Entwicklungsphase wurde das Produkt konzipiert und durchlief jeden Produktinnovationsprozess. Bis zur Einführungsphase wurden keinerlei Umsätze generiert. Im August 2013 ging die Website online und bereits ein Jahr später, also im Juni 2014, erreichte man schon eine Mitgliederzahl von einer Million. Der Break-even-Point wurde somit schon in den ersten Monaten nach Gründung des Unternehmens erreicht. Ein großes Wachstum erreichte das Unternehmen durch ständige Updates und neue Produkte, um in kürzester Zeit neue Mitglieder zu gewinnen. Bereits im Oktober 2015 erreichte Freeletics sechs Millionen Mitglieder. Im Jahr 2016 und 2017 wurde das Portfolio durch komplett neue Apps ergänzt und immer wieder neue Updates brachten das Unternehmen in der Reifephase bis hin zum heutigen Zeitpunkt auf knapp 20 Millionen Mitglieder weltweit. In Bezug auf den idealtypischen Produktzyklus befindet sich das Unternehmen derzeit im langsamen Übergang zur Reifephase, da ständige Veränderungen wieder ein neues Wachstum hervorrufen. Eine Sättigung ist somit noch lange nicht erreicht. Der Produktzyklus von Freeletics stieg im Gegensatz zum idealtypischen Produktzyklus in den ersten Jahren nach der Gründung rasant an. Dieses rasante Wachstum lässt sich auch an Hand der Umsatzzahlen von 2015 belegen. Denn in diesem zweiten vollen Geschäftsjahr erreichte die Freeletics GmbH 16 Millionen Euro Umsatz. Das sind 300% mehr als im vorangegangen Geschäftsjahr (Krisch, 2016). Um das Unternehmen noch weiter bis hin zur Sättigung aufrecht zu erhalten, wird das eigene Portfolio durch neue Programme und sogar mit dem Handel von Sportbekleidung verbessert.

2.5 Fazit

Abschließend ist zu sagen, dass sich die Freeletics GmbH derzeit im Aufwind befindet. Durch ein konkretes und sich von der Konkurrenz abgrenzendes Konzept erreichte das Unternehmen in Kürze ein gewaltiges Wachstum. Durch die gewisse Medienpräsenz und die ständige Neuentwicklung der eigenen Produkte stiegen wiederum die Mitgliederzahlen. Da die Fitnessbranche immer digitaler wird, ist Freeletics meiner Meinung nach erst der Startpunkt gewesen. Damit sie sich weiterhin auf dem Markt etablieren können und um die Community noch mehr aufzubauen, werden in Zukunft neue Produkte in Form von Trainingsprogrammen oder Trainingskleidung an den Markt gebracht. Das einzige Risiko, was das Unternehmen durch die Digitalisierung eingeht, ist, dass nur eine gewisse Altersgruppe damit angesprochen wird. Diese wird in Zukunft aber noch stetig wachsen.

3 Corporate Identity

3.1 Interview-Analyse

3.1.1 Überarbeitung der Corporate Identity - 6 Anzeichen

Die nachfolgende Tabelle zeigt sechs Anzeichen, die bei Kieser Training eine Überarbeitung der Corporate Identity erkennen lassen.

Tab. 2: Sechs Anzeichen für eine Überarbeitung der Corporate Identity von Kieser Training

Slogen:	Der Slogan wurde von „Starker Körper. Starke Haltung" in „Ja zu einem starken Körper" geändert.
Logo:	Die Farbe gelb wurde aus dem Logo herausgenommen und durch die Farbe blau ersetzt.
Medizinische Ausrichtung:	Zuerst trainierten viele Athleten bei Kieser, nun wird mehr Wert auf ein medizinisch fundiertes Training gelegt, welches eine höhere Altersgruppe anspricht.
Werbung:	Früher funktionierten 90 Prozent Werbemaßnahmen über Mund-zu-Mund-Propaganda. Heute verläuft die Kommunikation über die Website, das Kundenmagazin und die sozialen Medien.
Bestellsystem:	Die Werbeagentur erstellte ein Bestellsystem, welches von allen Franchise-Nehmern übernommen werden soll und mit minimalem Kostenaufwand auf das jeweilige Franchise-Unternehmen angepasst werden kann.
Einrichtung:	Damals gab es eine Sauna und eine Bar im Studio, bis man bemerkte, dass die Leute nicht mehr vorwiegend trainierten. Aufgrund dessen wurden die Sauna und Bar wieder entfernt.

3.1.2 Gründe für eine neue Ausrichtung der Corporate Identity

Visuelles Erscheinungsbild:

Das visuelle Erscheinungsbild ist für ein Unternehmen von großer Bedeutung. Es ist ein Bereich der Corporate Identity, mit dem sich ein Unternehmen in der Öffentlichkeit am deutlichsten wahrnehmbar positionieren bzw. von anderen abgrenzen kann (Birkigt et al., 2002, S. 193). Aufgrund dessen war es für Kieser auch wichtig, sich von anderen Konkurrenten abzugrenzen und die Farbauswahl im Logo zu verändern. Denn das Logo sollte prägnant, wiedererkennbar und als Identifikationsmerkmal für das gesamte Unternehmen stehen (Herbst, 2012, S. 106).

Unternehmensveränderungen:

Da sich immer mehr Konkurrenten auf dem Markt platzieren, die negative Auswirkungen auf das eigene Unternehmen mit sich bringen, ist es wichtig, sich auf dem Markt ein bisschen zu orientieren. Ansonsten besteht die Gefahr, dass Kunden verloren gehen. Bei Kieser war es so, dass sich das Unternehmen an die Konkurrenz angepasst hat und eine Sauna und eine Bar mit in das Studio integrierte. Da sich dies allerdings negativ auf die eigentliche Trainingsbeteiligung der Kunden auswirkte, wurde alles wieder entfernt. Das heißt, man sollte sich zwar an der Konkurrenz ein wenig orientieren, aber nicht seinen eigenen Grundgedanken verlieren.

Zielgruppenanalyse:

Ein Unternehmen sollte, bevor es sich auf dem Markt platziert, eine Zielgruppe festlegen. Anhand der Zielgruppe wird ein Konzept erstellt, welches direkt auf die gewünschte Zielgruppe angepasst wird. Die Zielgruppe kann sich aufgrund verschiedenster Einflussfaktoren auch ändern. Für das Unternehmen würde das heißen, dass das Unternehmenskonzept überdacht und neue Entscheidungen getroffen werden müssen, um keine Kunden zu verlieren. Bei Kieser trainierten zu Beginn viele Athleten, was sich dann durch eine neue Zielgruppenanalyse änderte. Es wurde mehr Wert auf ein medizinisch fundiertes Training gelegt und zog somit eine höhere Altersgruppe an.

Werbemaßnahmen:

Werbung ist eine gewisse Kommunikation mit der die gewünschte Zielgruppe erreicht und ausgebaut werden kann. Eine ständige Wiederholungshäufigkeit in verschiedensten Medien erzielt eine größere Reichweite, um mehr Mitglieder zu generieren. Die Werbeträgerauswahl sollte so gewählt sein, dass die gewünschte Zielgruppe sich angesprochen fühlt. Die Werbemaßnahmen bei Kieser verliefen früher fast ausschließlich über Mund-zu-Mund-Propaganda bis Kommunikation über die Website, das Kundenmagazin und die sozialen Medien verbreitet wurde.

3.1.3 Veränderungen in anderen Unternehmen

Lidl:

Lidl galt früher als Discounter, bei dem Billigartikel eingekauft werden konnten. Heute allerdings hat das Unternehmen Lidl erkannt, dass auch Premiumprodukte, die nicht im geringen Preissegment liegen, von den Kunden angenommen werden. Somit entwickelte sich aus dem Discounter ein Unternehmen mit exklusiveren Produkten. Durch verschiedenste Werbemaßnahmen und die Einrichtung von Onlineangeboten entwickelten sich die Billigartikel zu Premiumprodukten. Das Unternehmen ist nun in 27 Ländern vertreten und besitzt bereits 3300 Filialen in Deutschland (Jacobsen, 2017).

Puma:

Für Mode und Lifestyle galt Puma, doch das sollte sich in den nachfolgenden Jahren ändern. Die Marke sollte wieder sportlicher werden. Um sich wieder als Sportartikelhersteller zu etablieren, ging Puma einen Vertrag mit Usain Bolt ein, der bei Olympia mit Puma-Schuhen antrat. Des Weiteren wurden neue Sponsorenverträge abgeschlossen. Somit wurde man Ausstatter von Borussia Dortmund und der Imagewechsel ging in die richtige Richtung (Kiely, 2012).

Red Bull:

Aufmerksamkeit erreichte das Unternehmen mit einem kleinen Werbespott, der einen einprägsamen Slogan vermittelte. Des Weiteren wurde die Marke so aufgebaut, dass zu Beginn Trend-, Extrem- und Funsportarten genutzt wurden, um die Marke bekannt zu machen. Somit gelang Red Bull der Weg aus der Nische zum Markenprodukt. Der Wechsel wirkte sich gegebenenfalls auf die Glaubwürdigkeit des bereits erarbeiteten Images aus, aber durch den Neueinstieg in das Sponsoring von Fußballvereinen und das Expandieren mit ihrem Produkt ins Ausland wird sich Red Bull auch in diesem Bereich etablieren (Nufer, 2013).

Opel:

Das Image von Opel war in den letzten Jahren ziemlich weit unten. Aufgrund dessen fand ein Imagewandel im Unternehmen statt. Neue Werbemaßnahmen mit Jürgen Klopp oder der mürrisch guckenden Kult-Katze aus dem Internet erreichte die neue Werbechefin Tina Müller einen Imagewandel. Dieser wirkte sich positiv auf Umfragen aus. Trotz der erfolgreichen Werbemaßnahmen machte Opel dennoch Verlust und rechnet voraussichtlich 2018 wieder mit schwarzen Zahlen (Schmelzer, 2017).

3.2 Marktstrategien

3.2.1 Marktbearbeitungsstrategie und Wettbewerbsstrategie

Bei Kieser Training wird eine differenzierte Marktspezialisierung verfolgt, da sich das Unternehmen auf eine bestimmte Kundengruppe spezialisiert. Die Zielgruppe, die auf ein höheres Alter ausgelegt ist, wird mit einem Produkt (medizinisch fundiertes Training) angesprochen. Als Wettbewerbsstrategie wird die Nischenstrategie verfolgt. Bei dieser Art von Strategie fokussiert sich das Unternehmen ausschließlich auf eine begrenzte Anzahl von Abnehmern und/oder Produkte und innerhalb der Nische wird dann entweder die Kostenführerschaft oder die Differenzierung angestrebt (Kotler & Bliemel, 2006, S. 139 ff.). Im Beispiel Kieser wird die Differenzierung angestrebt, da das medizinisch fundierte Training als einzigartig in der Branche dargestellt werden soll.

3.2.2 Produkt-Markt-Matrix nach Ansoff

Das medizinisch fundierte Training, welches als Produkt bei Kieser fungiert, soll durch Produkt- und Leistungsstrategien neue Kunden generieren. Kieser Training verfolgt dieses Ziel zum einen mit der Marktdurchdringung. Diese Strategie hilft dem Unternehmen mit vorhandenen Produkten auf gegenwärtigen Märkten eine Vergrößerung des Marktanteiles und eine Ausweitung des Marktvolumens zu erzielen (Weis, 2012, S. 160). Des Weiteren wurde bereits die Strategie der Produktentwicklung durchgeführt. Es wurden neue Produkte (Sauna und Bar) in die bestehenden Studios eingebaut. Allerdings wurden diese nach kurzer Zeit wieder ausgebaut, da das Training der Kunden vernachlässigt wurde. Wichtig ist jedoch, dass die neuen Produkte als einzigartig, unterschiedlich, anders und käuferspezifisch wahrgenommen werden (Meffert, Burmann et al., 2015, S. 255; Nieschlag et al., 2002, S. 901; Weis, 2012, S. 161).

4 Digitalisierung in der Fitness- und Gesundheitsbranche

Der Fortschritt der Technologie steigt und die jüngere Gesellschaft wächst jetzt schon digital auf. Auf die Fitnessbranche bezogen heißt das, dass die Studios trendbewusst vorgehen sollen, da es ansonsten über einen längeren Zeitraum schwierig wird, sich am Markt zu halten. Immer mehr junge Menschen zieht es nach Berlin. Speziell in Berlin-Kreuzberg spiegelt es sich in der Altersstruktur wieder. Die meisten Menschen befinden sich im Alter zwischen 25 und 35 Jahren (Amt für Statistik Berlin-Brandenburg, 2014). Diese Altersgruppe ist schon mit digitalen Medien aufgewachsen und sollte daher die größte Zielgruppe für das „Fitnessstudio Kohl" sein. Die Trends gehen derzeit in Richtung Fitness-Tracker. Diese Fitness-Tracker zeichnen beispielsweise Herzfrequenz, Kalorienverzehr und Schrittanzahl auf, die später ausgewertet werden können. Solch einen eigenen, angepassten Fitness-Tracker könnte man im „Fitnessstudio Kohl" verkaufen und die erhaltenen Daten auswerten, um den Trainingseffekt des Kunden zu erhöhen. In den letzten zwei Jahren hat sich die Mitgliederanzahl vom „Fitnessstudio Kohl" um die Hälfte verringert. Durch eine gezielte Digitalisierung im Studio in Form von neuen technikversierten Geräten zieht man neue Kunden an. Die Geräte sind so ausgestattet, dass durch eine dazugehörige App beispielsweise der Leistungsstatus, das Gewicht, die Sitzposition mit richtiger Bewegungsausführung und die Wiederholungszahlen visualisiert dargestellt werden. Diese Daten können mit anderen Mitgliedern verglichen werden, um sich mit denen zu messen. Des Weiteren kann auch der Kursbereich im Fitnessstudio digitalisiert werden. Virtuelle Trainer können in schwach besuchten Zeiten oder auch online für Zuhause Kurse anbieten, die vorm Bildschirm zuhause oder der Leinwand im Studio durchgeführt werden können. Die Einrichtung eines W-LAN Netzwerkes wäre für das Studio in dem Sinne vorteilhaft, da sich die Mitglieder über eine E-Mail Adresse registrieren müssen und diese wieder für neue Angebote oder Newsletter genutzt werden kann. Zudem wird registriert, wieviel Auslastung im Studio herrscht, sobald der Kunde sich automatisch im Netzwerk befindet. Trotz der positiven Maßnahmen, wie man das „Fitnessstudio Kohl" digitalisieren kann, gibt es einige Risiken, die es mit sich bringt. Zum einen wird durch die Digitalisierung die ältere Generation ein wenig vernachlässigt. Nicht jeder hat ein Smartphone. Deswegen wäre es auch wichtig, nicht gleich alles komplett umzustellen, sondern das ein oder andere Bewährte beizubehalten. Es werden immer mehr Anbieter, die mit ihren Onlinestudios werben. Dies stellt ein Risiko für das „Fitnessstudio Kohl" dar, da das Unternehmen mit einem Kundenverlust rechnen muss. Die Kunden, die lieber günstig und zuhause trainieren möchten, gehen hierbei verloren. Für die Mitarbeiter im Studio kann die Digitalisierung auch ein großes Risiko darstellen. Denn durch virtuelle Trainer oder Onlineanzeigen statt Promoter gehen einige Arbeitsplätze verloren. Ein letztes Risiko sind natürlich die Kosten, die auf ein Unternehmen zukommen. Eine Optimierung oder sogar Neuanschaffung der Geräte sollte vorher überdacht werden, um ein Insolvenzverfahren zu vermeiden. Die Chancen, die sich für das „Fitnessstudio Kohl" ergeben, sind zum Beispiel die Kosteneinsparungen im Marketingbereich. Durch Newsletter oder E-Mail-Angebote werden zahlreiche potenzielle Kunden erreicht. Aufgrund einer neuen Digitalisierung bietet sich die Chance, die gewonnen Trainingsdaten auszuwerten und optimal an den Trainingsplan des Kunden anzugleichen. Durch virtuelle Trainer werden Personalkosten gespart, allerdings sollte dies nur geringfügig passieren, damit die Kunden einen Ansprechpartner zur Verfügung haben.

5 Literaturverzeichnis

Bea, F. X. & Haas, J. (2013). *Strategisches Management* (Grundwissen der Ökonomik : Betriebswirtschaftslehre, 6., vollständig überarbeitete Aufl.). Stuttgart: Lucius & Lucius.

Birkigt, K., Stadler, M. M. & Funck, H. (2002). *Corporate Identity. Grundlagen, Funktionen, Fallbeispiele* (11., überarb. und aktualisierte Aufl.). München: Verlag Moderne Industrie.

Deloitte (2016). *Deutsche Fitnessbranche weiter auf Überholspur.* Zugriff am 23.01.2018. Verfügbar unter https://www2.deloitte.com/de/de/pages/presse/contents/studie-2016-der-deutsche-fitnessmarkt-2016.html.

Freeletics GmbH (2017). *Die Meilensteine.* Zugriff am 21.01.2018. Verfügbar unter https://www.freeletics.com/en/press/wp-content/uploads/sites/24/2017/04/Freeletics_-PressKit_DE_06.04.2017_web.pdf.

Freeletics GmbH (2018). *EINES DER AM SCHNELLSTEN WACHSENDEN SPORT- UND LIFESTYLE-UNTERNEHMEN DER WELT.* Zugriff am 21.01.2018. Verfügbar unter https://www.freeletics.com/en/press/.

Grosz, M. & Abt, K. (2017). *Online-Fitnessstudios sind auf dem Vormarsch.* Zugriff am 28.01.2018. Verfügbar unter http://www.bodylife.com/buyers-guide/detail/artikel/online-fitnessstudios-sind-auf-dem-vormarsch.html.

Herbst, D. (2012). *Corporate Identity. Aufbau einer einzigartigen Unternehmensidentität* (5., aktualisierte und erw. Aufl.). Berlin: Cornelsen.

Jacobsen, N. (2017). *Die Lidl-Erfolgsgeschichte: Vom uncoolen Discounter zum innovativen Handelsriesen mit Blick auf die USA.* Zugriff am 29.01.2018. Verfügbar unter http://www.absatzwirtschaft.de/die-erfolgsgeschichte-von-lidl-vom-uncoolen-discounter-zum-innovativen-handelsriesen-mit-blick-auf-die-usa-103419/.

Joung, F. (2015). *Ohne Schmerz keine Muskeln.* Zugriff am 21.01.2018. Verfügbar unter http://www.spiegel.de/gesundheit/ernaehrung/fitnessprogramm-freeletics-hochintensives-kraft-workout-a-1020896.html.

Kiely, I. (2012). *Imagewechsel bei Puma.* Zugriff am 29.01.2018. Verfügbar unter https://www.springerprofessional.de/marketing---vertrieb/markenfuehrung/imagewechsel-bei-puma/6597660.

Kotler, P., Armstrong, G., Saunders, J. & Wong, V. (2007). *Grundlagen des Marketing* (4., aktualisierte Aufl.). München: Pearson.

Kotler, P. & Bliemel, F. (2006). *Marketing-Management. Analyse, Planung und Verwirklichung* (10., überarbeitete und aktualisierte Aufl.). München: Pearson.

Krisch, J. (2016). *Freeletics wächst auf 16 Mio. € (+300%) und setzt auf weitere Services.* Zugriff am 23.01.2018. Verfügbar unter https://excitingcommerce.de/2016/06/26/freeletics-wachst-auf-16-mio-e-300-und-setzt-auf-ernahrung/.

Meffert, H., Burmann, C. & Kirchgeorg, M. (2015). *Marketing. Grundlagen marktorientierter Unternehmensführung Konzepte - Instrumente - Praxisbeispiele* (Springer-Link: Bücher, 12., überarb. u. aktualisierte Aufl. 2014). Wiesbaden: Springer Gabler.

Nieschlag, R., Dichtl, E. & Hörschgen, H. (2002). *Marketing* (19., überarbeitete und ergänzte Aufl.). Berlin: Duncker und Humblot.

Nufer, Prof. Dr. G. (2013). *Vom Kult zur Masse: Wie Red Bull sein Image wechselt.* Zugriff am 31.01.2018. Verfügbar unter https://www.focus.de/sport/experten/nufer/fussball-statt-extremsport-vom-kult-zur-masse-wie-red-bull-sein-image-wechselt_id_3508721.html.

Schmelzer, T. (2017). *Totalschaden für den Imagewandel?* Zugriff am 30.01.2018 Verfügbar unter http://www.handelsblatt.com/unternehmen/industrie/opel-verkauf-totalschaden-fuer-den-imagewandel/19396128-all.html.

Statista (2017). *Umsatz in Millionen Euro.* Zugriff am 26.01.2018. Verfügbar unter https://de.statista.com/outlook/313/137/fitness/deutschland#.

Statista (2018). *Prognose zum weltweiten Bestand an Smartphone-Anschlüssen von 2010 bis 2020 (in Millionen).* Zugriff am 23.01.2018. Verfügbar unter https://de.statista.com/statistik/daten/studie/312258/umfrage/weltweiter-bestand-an-smartphones/.

Statistische Ämter des Bundes und der Länder (2011). *Bevölkerungs- und Haushaltsentwicklung im Bund und in den Ländern. Demographischer Wandel in Deutschland 2011*, (1). Zugriff am 23.01.2018. Verfügbar unter https://www.destatis.de/DE/Publikationen/Thematisch/Bevoelkerung/DemografischerWandel/BevoelkerungsHaushaltsentwicklung5871101119004.pdf?__blob=publicationFile.

Weis, H. C. (1999). *Marketing* (11., überarbeitete und aktualisierte Aufl.). Ludwigshafen (Rhein): Kiehl.

Weis, H. C. (2012). *Marketing* (Kompendium der praktischen Betriebswirtschaft, 16., verbesserte und aktualisierte Auflage). Herne, Westf: NWB Verlag.

6 Tabellen- und Abbildungsverzeichnis

6.1 Tabellenverzeichnis

Tab. 1: SWOT-Matrix Freeletics GmbH 9
Tab. 2: Sechs Anzeichen für eine Überarbeitung der Corporate Identity von Kieser Training 12

6.2 Abbildungsverzeichnis

Abb. 1: Idealtypischer Produktlebenszyklus (modifiziert nach Kotler, Armstrong et al., 2007, S. 700) 10

BEI GRIN MACHT SICH IHR WISSEN BEZAHLT

- Wir veröffentlichen Ihre Hausarbeit, Bachelor- und Masterarbeit

- Ihr eigenes eBook und Buch - weltweit in allen wichtigen Shops

- Verdienen Sie an jedem Verkauf

Jetzt bei www.GRIN.com hochladen und kostenlos publizieren